AF241475

NOTE A CONSULTER

POUR

M. GUSTAVE ISAMBERT

GÉRANT DU *COURRIER DU DIMANCHE*

Le *Courrier du Dimanche* a été suspendu pendant deux mois par une décision ministérielle du 31 décembre 1863, à la suite de deux avertissements, en date du 9 octobre 1862 et du 8 janvier 1863.

Le 24 août 1864, sans avoir été averti de nouveau, ce journal a été frappé d'une nouvelle suspension de deux mois par un arrêté de M. le ministre de l'intérieur, dont voici les termes :

Le ministre secrétaire d'Etat au département de l'intérieur,

Vu le numéro du journal le *Courrier du Dimanche* du 21 août 1864, lequel contient, aux pages 4 et 5, un article intitulé : « Causeries », et signé : Alfred Assollant ; commençant par ces mots : « Oui, ce règne est un grand règne... » et finissant par ceux-ci : « Peuvent le désirer. »

Considérant que, mettant en parallèle l'Empereur et les régimes qui l'ont précédé,

1

l'auteur de cet article dénature les faits, s'efforce de tourner en ridicule les actes les plus glorieux pour la France et pour ses armées, et cherche ainsi à exciter à la haine et au mépris du gouvernement;

Considérant, en outre, que depuis longtemps le *Courrier du Dimanche*, se plaçant dehors d'une opposition loyale et constitutionnelle, se livre contre le principe même du gouvernement à un système persévérant d'insinuations injurieuses et d'attaques injustes, qui ne sauraient être tolérées;

Attendu que le journal le *Courrier du Dimanche* a déjà, depuis moins de deux ans, reçu deux avertissements, à la date du 9 octobre 1862 et du 8 janvier 1863 ;

Vu l'art. 32 du décret organique du 17 février 1852 sur la presse, et la loi du 2 juillet 1861 ;

Arrête :

Art. 1er. Le journal le *Courrier du Dimanche* est suspendu pour deux mois, à partir du 25 de ce mois.

Art. 2. Le préfet de police, chargé de la direction générale de la sûreté publique, assurera l'exécution du présent arrêté.

Paris, 24 août 1864.

Signé : P. BOUDET.

Les propriétaires et le gérant du *Courrier du Dimanche*, atteints dans leurs intérêts par ce nouvel arrêté de suspension, désirent être éclairés sur la légalité de cette mesure. Ils soumettent en conséquence à l'examen de leurs conseils la question suivante :

Un journal suspendu à la suite de deux avertissements peut-il être l'objet d'une nouvelle suspension, sans que cette mesure ait été précédée de deux nouveaux avertissements ?

CONSULTATION

LE CONSEIL SOUSSIGNÉ

Vu la note à consulter, adopte les résolutions suivantes :

I. Une des principales innovations et l'un des traits caractéristiques du régime exceptionnel sous lequel le décret du 17 février 1852 a placé la presse périodique, c'est l'établissement d'une *pénalité administrative*. Dans ce système, les tribunaux ne sont plus seuls investis du droit de prononcer des peines à raison de délits prévus et punis par les lois ; mais en dehors des prescriptions légales et des formes judiciaires, sans qu'un délit ait été commis, sans qu'une défense ait été entendue, l'administration peut atteindre le journal dans son existence et ses propriétaires dans leur fortune. Le décret de 1852 crée deux *peines administratives :* la *suppression* du journal, qui ne peut être prononcée que par mesure de sûreté générale, et par un décret impérial inséré au *Bulletin des Lois*, et la *suspension*, qui ne peut excéder deux mois, et qui doit être précédée de deux avertissements motivés (art. 32).

Les deux conditions auxquelles est subordonnée la suspension du journal sont essentielles, et plus le pouvoir accordé à l'administration est exorbitant, plus il importe qu'il soit renfermé dans ses limites légales. D'une part, la suspension, nécessairement limitée

dans sa durée, ne peut ni directement, ni indirectement, être trans-
formée en une suppression ; d'un autre côté, il faut qu'avant d'être
frappé le journal ait deux fois été averti ; il faut qu'à deux reprises
la voie dangereuse dans laquelle il s'engage lui ait été signalée. Ce
n'est que lorsque ces avertissements ont été donnés que l'administration peut user de l'arme redoutable que lui remet le décret dictatorial de 1852.

L'avertissement n'est donc autre chose qu'un avis officieux qui
précède la pénalité administrative, un préliminaire de la suspension, une *mise en demeure*. La loi veut qu'un journal ne soit suspendu
qu'après avoir été averti, de même qu'elle ne permet de dissiper un
attroupement par la force que lorsque les citoyens qui le compo-
sent ont été préalablement sommés de se disperser. Il en résulte
que, lorsque la suspension a été prononcée, les avertissements qui
l'ont précédée ont produit leur effet légal : que, pour une suspension
nouvelle, il faut une mise en demeure nouvelle, et qu'il est impossible d'admettre que l'administration soit à tout jamais dispensée
d'avertir un journal avant de le frapper, par cela seul qu'une première fois elle ne l'aura frappé qu'après l'avoir averti.

Vainement objecterait-on que, les avertissements se périmant par
un délai de deux ans, ce ne serait, dans tous les cas, que pendant
cet intervalle de deux années qu'un journal serait exposé à être suspendu pour la seconde fois, sans avertissement préalable. Il ne faut
pas oublier que la péremption des avertissements, introduite par la
loi du 2 juillet 1861, afin de faire à la presse périodique sa modeste
part dans les réformes libérales du 24 novembre, n'existait pas au
début du régime actuel ; et si, pour se rendre un compte exact de la
portée de l'une des dispositions du décret de 1852, on cherche à dé-
mêler entre diverses interprétations celle qui répond le mieux à la
pensée du législateur, c'est en se reportant à l'époque où ce décret
subsistait dans son intégrité, qu'il faut apprécier les conséquences
que telle ou telle de ces interprétations aurait pu entraîner.

Or, peut-on raisonnablement supposer qu'en autorisant la suspension d'un journal, *après deux avertissements et pour un temps qui ne pourra excéder deux mois*, l'auteur du décret de 1852 ait voulu sous-entendre la disposition suivante : Tout journal qui aura été une fois suspendu sera, par cela seul, privé, pour toute la durée de son existence, des garanties qui viennent d'être indiquées ; il pourra, sans mise en demeure préalable, être frappé d'autant de suspensions de deux mois qu'il plaira à l'administration de lui en infliger ?

Admettre une telle interprétation, ne serait-ce pas reconnaître que, dès qu'il s'agit de la presse et du régime administratif auquel elle est assujettie, les principes les plus élémentaires du droit et de l'équité cessent d'être en usage, et qu'en pareille matière la maxime *odiosa restringenda* doit être remplacée par la maxime contraire ?

II. Une autre considération nous paraît devoir également faire repousser l'interprétation donnée aux dispositions de l'art. 32 du décret de 1852 par M. le ministre de l'intérieur. La peine administrative de la suspension s'applique, comme toutes les peines, à certains faits déterminés ; elle est prononcée à raison de certains articles publiés par un journal à une certaine époque. Les deux avertissements exigés par la loi ont eu précisément pour but de signaler ces articles à l'attention du journaliste ; et l'arrêté de suspension, en visant ces deux avertissements, constate que ce sont les articles avertis qui motivent la suspension du journal. Or, s'il est, en matière pénale, un principe admis dans tous les temps et consacré par toutes les législations, c'est qu'un fait à raison duquel une peine a été prononcée ne peut donner lieu à une nouvelle répression. Alors donc qu'un journal averti, comme le *Courrier du Dimanche*, le 9 octobre 1862 et le 8 janvier 1863, a été suspendu le 31 décembre 1863, il est évident que les articles publiés en 1862 et en 1863, ayant entraîné la suspension de ce journal, ne peuvent plus, sans une violation flagrante de la maxime *non bis in idem*, donner lieu à une nouvelle pénalité administrative. L'arrêté de suspension pris contre le même journal le 24 août 1864 ne vise cependant d'autres avertissements que ceux du 9 octobre 1862 et du 8 janvier 1863. Ce sont donc les articles avertis en 1862 et 1863 qui ont motivé la suspension de 1864, comme ils avaient motivé déjà celle de 1863. Ce sont bien les mêmes faits qui, à deux reprises, donnent lieu à l'application de deux peines successives.

III. On doit remarquer d'ailleurs que si les mêmes avertissements peuvent entraîner contre le même journal plusieurs suspensions consécutives, la limite imposée par le décret du 17 février 1852 à la durée de la suspension devient à peu près illusoire. Le législateur de 1852 n'a pas voulu que la suspension d'un journal par arrêté ministériel pût excéder deux mois. Mais si, sans mise en demeure nouvelle, le journal qui vient d'être frappé d'une supension de deux mois peut immédiatement, à raison des mêmes faits et presque sans intervalle, être suspendu de nouveau pour un temps égal, la suspension ainsi prolongée ne prend-elle pas le caractère d'une suppression déguisée, et le droit de l'administration sur la presse, par l'effet d'une semblable interprétation, ne devient-il pas aussi absolu dans ses effets qu'arbitraire dans son exercice?

IV. Lorsqu'il s'agit de mesurer un tel pouvoir et d'en déterminer les limites, ce serait peut-être confondre les temps et les régimes que de donner aux précédents administratifs l'autorité d'une sorte de jurisprudence. Toutefois il est permis de penser que les considérations qui viennent d'être développées avaient frappé les premiers interprètes du décret de 1852, lorsque l'on considère que, jusqu'à ces derniers temps, l'interprétation que le soussigné croit devoir donner aux dispositions de ce décret avait prévalu dans la pratique.

On peut citer l'exemple du journal la *Presse*, qui, suspendu le 15 novembre 1857, après cinq avertissements, reçut le 15 février 1859 un nouvel avertissement, au lieu d'être immédiatement, comme le *Courrier du Dimanche*, frappé d'une nouvelle suspension. Il en fut de même de la *Gazette du Languedoc* et de l'*Assemblée Nationale*, qui, après avoir été avertie le 28 février et le 4 avril 1853, puis suspendue le 4 mars 1854, reçut après sa réapparition un *premier avertissement* le 31 janvier 1856, un *deuxième avertissement* le 28 février de la même année, et ne fut suspendue pour la seconde fois, le 7 juillet 1857, qu'à la suite de ces deux nouveaux avertissements.

V. Le soussigné n'hésite pas à considérer la pratique contraire qui tend à s'introduire comme une interprétation erronée et abusive des dispositions de l'art. 32 du décret du 17 février 1852 et une aggravation arbitraire du régime sous lequel ce décret a placé la presse. Il estime en conséquence que la décision ministérielle qui, sans être précédée de deux nouveaux avertissements, a frappé le *Courrier du Dimanche* d'une seconde suspension de deux mois, est entachée d'excès de pouvoir et doit être à ce titre annulée par le Conseil d'Etat.

Délibéré à Paris, le 1er septembre 1864.

ALBERT GIGOT,

Avocat au Conseil d'Etat.

ADHÉSIONS

Le droit de suspension que donne au ministre de l'intérieur le décret du
17 février 1852 est soumis par ce décret lui-même à une première restriction.
Le ministre ne peut suspendre un journal qu'après lui avoir donné deux avertissements. Les deux avertissements qui doivent précéder la suspension constituent, pour ainsi dire, avec la suspension qui les suit, une pénalité en trois actes; leur effet est épuisé avec la suspension qu'ils ont préparée : les articles
auxquels ils s'appliquent sont châtiés et par conséquent expiés. Car il est de
principe que la peine subie purge le fait pour lequel elle est encourue; on ne
peut devant aucune juridiction, même administrative et exceptionnelle, exécuter
deux fois une peine ni appliquer une seconde condamnation à un fait déjà puni
sans violer la règle fondamentale *non bis in idem*.

Que si l'on considère plus particulièrement la nature préventive de l'avertissement et le caractère légal qu'assigne à cet égard le sens grammatical du mot,
il est impossible d'admettre qu'une seconde suspension, plus nuisible que la
première, puisse surprendre le journal sans avertissement préalable. — L'a-
vertissement, ainsi que l'a fort bien démontré M. Gigot, constitue une véritable
mise en demeure. Concevrait-on un créancier qui, après avoir saisi ou incarcéré
son débiteur une première fois, après un commandement régulier, le saisirait
ou l'incarcérerait une seconde fois, au bout de six mois, sans nouvelle mise en
demeure et en vertu du commandement qui aurait servi de base à la première
saisie ou à la première incarcération?

Sans doute, nous ne sommes pas ici en matière civile; mais si exorbitant que
soit le régime administratif auquel la presse est soumise, il ne faut cependant
pas admettre que, dès qu'il s'agit d'un journal, toutes les règles du droi sont
renversées.

Au reste, le texte même de l'arrêté du 24 août 1864 démontre la nécessité des avertissements préalables : « Considérant en outre, dit l'arrêté, que *depuis long-temps* le *Courrier du Dimanche*, se plaçant en dehors d'une opposition loyale et constitutionnelle, se livre contre le principe même du gouvernement à un *système persévérant* d'insinuations injurieuses et d'attaques injustes qui ne sauraient être tolérées... » Ce n'est donc pas le numéro du 21 août et l'article de M. Assollant qui ont motivé la suspension ; c'est une suite d'articles que le ministre a entendu frapper. Or depuis la suspension dont il avait été l'objet le 31 décembre 1863, le journal a paru pendant six mois ; n'ayant reçu, dans cet intervalle, aucun avertissement de l'administration, dont il connaissait par expérience l'ombrageuse sollicitude, le journal a dû croire qu'il ne dépassait ni les limites du droit, ni celles plus étroites des convenances. S'il eût été arrêté, il eût modéré sa polémique ; il eût connu et il eût pu éviter les sujets qui offensaient l'administration. Le devoir du ministre n'était-il pas de dénoncer à la circonspection du journaliste ces articles où il n'a signalé que le jour de la suspension « *des insinuations injurieuses et des attaques injustes?* » Considéré comme préliminaire de la suspension, l'avertissement devient un droit pour le journaliste, triste droit que lui a conféré le décret de 1852, et dont il faut tout au moins lui laisser le périlleux bénéfice.

D'un autre côté, le législateur a limité à deux mois la durée de la suspension. — Si un journal suspendu pour deux mois pouvait, après la publication d'un seul numéro, être suspendu une seconde fois, puis une troisième fois, l'administration serait réellement investie d'un pouvoir indéfini de suspension, et le droit de suppression, qui est réservé au souverain, serait en fait transféré au ministre. Lorsqu'on voit l'administration n'user jamais d'indulgence et appliquer toujours aux journaux qu'elle suspend le maximum de la peine, il serait permis de craindre qu'elle n'abusât de la faculté nouvelle que lui donnerait une interprétation erronée de la loi.

Nous adhérons sans réserve à la consultation et aux motifs sur lesquels elle s'appuie. Le Conseil d'État n'aggravera pas le décret du 17 février ; il n'armera pas l'administration d'un pouvoir dangereux, que ne lui confère pas la loi, et que, depuis douze ans, aucun ministre n'a revendiqué.

PAUL ANDRAL,
Avocat à la Cour impériale de Paris.

Paris, le 24 octobre 1864.

Le jurisconsulte soussigné, bâtonnier de l'ordre des avocats, adopte sans réserve l'opinion exprimée dans la consultation ci-dessus. Le journal a été suspendu avant d'être averti. L'arrêté ministériel du 24 août dernier n'était autorisé par aucune loi. Il faudrait, pour donner au ministre de l'intérieur le pouvoir de le prendre, supprimer la disposition du décret de février qui limite à deux mois la suspension prononcée après deux avertissements, ou, ce qui serait plus sincère, décider législativement que le ministre de l'intérieur a un droit absolu sur l'existence des journaux et prononce, quand il le veut et dans la forme qui lui convient, leur suspension ou leur suppression.

Paris, le 26 octobre 1864.

J. DUFAURE.

J'adhère à l'excellente consultation de mon confrère, M⁰ Albert Gigot, et, comme lui, je pense que le double avertissement préalable à la suspension est forcément effacé par cette rigoureuse mesure ; qu'en agissant autrement, M. le ministre de l'intérieur a formellement méconnu le principe fondamental de notre droit criminel qui s'oppose à ce qu'un châtiment atteigne deux fois le même fait ; qu'il s'est également écarté de l'esprit véritable de la législation exceptionnelle qui régit la presse. Le texte même de son arrêté soulève d'ailleurs une autre considération qui ne peut manquer de frapper les esprits éclairés du conseil d'Etat. Ce texte vise un double motif. Il reproche à l'écrivain de s'être *placé en dehors d'une opposition loyale et constitutionnelle.* En cela, il est tout à fait dans le véritable sens du décret de 1852, qui, en investissant l'administration d'un pouvoir discrétionnaire vis-à-vis de la presse, a mis dans la main de son chef la plume des journalistes. Mais l'arrêté va plus loin. Il accuse l'écrivain *de chercher à exciter à la haine et au mépris du gouvernement,* c'est-à-dire d'avoir commis un véritable délit. Or, d'après la loi, ce délit expose son auteur à l'amende et à la prison. Que penser d'une législation qui permet à un ministre de déclarer publiquement l'existence d'un délit et d'en proclamer en même temps l'impunité en en enlevant la connaissance aux tribunaux réguliers au moyen d'un acte discrétionnaire? Je crois qu'il y a un intérêt public considérable à ce que le décret de 1852 ne soit pas ainsi interprété. Le pouvoir ministériel est certes fort étendu : il donne le droit de remontrances, d'enseignement sanctionné par la suspension ou la suppression ; il suppose que de tous les écrivains de la presse périodique de France, M. le ministre de l'intérieur est le plus savant, le plus habile, le plus profond, le plus délicat en matière de convenances. Certes, la part faite à ce haut fonctionnaire est assez belle, mais qu'on n'y voie pas pour lui la faculté de se mettre et de mettre les délinquants au-dessus des lois. J'estime donc que, sans le vouloir, M. le ministre de l'intérieur s'est en cela trop écarté des règles du droit commun et de celles toutes spéciales du décret de 1852 pour que son arrêté résiste à l'examen impartial de l'autorité supérieure.

Rueil, le 26 octobre 1864.

JULES FAVRE,
Ancien bâtonnier.

J'adhère à la consultation de mon confrère, Mᵉ Albert Gigot.

F. HÉROLD,
Docteur en droit, avocat au Conseil d'Etat et à la Cour de cassation.

J'adhère pleinement à la consultation ci-dessus. Il est difficile de comprendre comment des jurisconsultes n'adopteraient pas une telle solution, et comment le ministre (en première instance) a pu adopter une interprétation semblable à celle qui a dicté son arrêté du 24 août à l'égard du journal le *Courrier du Dimanche.* Le ministre, en appliquant une pénalité, a trop oublié que, dans le système de la loi en vertu de laquelle il agit, il exerce à vrai dire un pouvoir judiciaire, bien qu'il procède dans les formes administratives. Or légalement et judiciairement la loi de 1852, en attachant au fait de deux avertissements successifs reçus par un journaliste la faculté pour le ministre de prononcer là peine grave de la suspension, n'a pas entendu attribuer le droit de violer le principe de toute justice qui interdit de frapper deux fois les mêmes faits d'une même peine. Si les causes de deux avertissements constituent une sorte de délit, quand la pénalité a été appliquée par la suspension du journal, cette même peine ne peut plus être encourue que dans le cas où, par des faits semblables déterminant deux avertissements nouveaux, le journaliste se serait mis en danger d'être frappé une seconde fois dans l'existence de sa propriété et dans l'exercice de son droit d'écrivain, par une nouvelle suspension ; en pareil cas, il se sera rendu une seconde fois coupable, aussi bien dans l'ordre de cette nouvelle juridiction administrative que s'il était soumis au jugement des tribunaux ordinaires. Mais les faits déjà punis ne peuvent pas l'être une seconde fois.

Délibéré ce 1ᵉʳ novembre 1864.

BERRYER.

J'adhère à l'excellente consultation de Mᵉ Gigot.

Comme lui, j'estime que l'arrêté attaqué a commis une violation flagrante du grand principe de protection sociale et de sécurité individuelle désigné par l'adage *non bis in idem* ; comme à lui, l'arrêté attaqué me semble un empiétement déplorable, une confusion des juridictions administratives et des pouvoirs, un procédé détourné pour faire descendre aux mains de M. le ministre de l'intérieur ce droit de vie et de mort sur les journaux, que le décret du 17 février 1852 réservait du moins au chef de l'Etat.

La loi serait, pour tout le monde, simple, précise et claire, si l'on ne savait à quel point l'exercice habituel du pouvoir discrétionnaire peut obscurcir la lumière juridique des meilleurs esprits.

« Un journal peut être suspendu par décision ministérielle, alors même qu'il » n'a été l'objet d'aucune condamnation, *mais après deux avertissements motivés,* » et pendant un temps qui ne pourra excéder deux mois. » — Jusqu'à présent, ces quelques lignes du 3ᵉ paragraphe de l'article 32 du décret organique ne m'avaient paru, dans leur brièveté terrible, susceptibles ni d'interprétation ni de controverse.

Deux choses dans cette formule, qui contient tout le régime actuel de la presse : une peine et une garantie.

L'avertissement, le double avertissement n'est pas la *peine* : c'est la *procédure* qui doit nécessairement précéder l'application de la peine. Suspendre, sans avoir averti, ce serait évidemment commettre le plus monstrueux des abus de pouvoir. La question posée par la *note à consulter* revient donc à cette autre : les avertissements motivés prescrits par l'article 32 du décret organique survivent-ils à l'arrêté de suspension *avec lequel ils font corps*, comme les motifs font corps avec le dispositif, comme l'instance fait corps avec la condamnation, la procédure avec le jugement?

A une pareille question, y a-t-il deux réponses possibles? A-t-on jamais vu la procédure revivre quand la condamnation définitive est prononcée?

Les avertissements ne produisent qu'un seul effet légal : ils arment le ministre du droit de suspension. Mais quand le ministre a frappé, quand la suspension a été prononcée, subie, les avertissements ont produit tout leur effet, le drame, dont les deux avertissements et l'arrêté de suspension forment les trois actes indissolubles, a eu son dénouement; la faculté de suspendre est épuisée, et il faut une nouvelle procédure, c'est-à-dire deux nouveaux avertissements *motivés*, pour qu'une nouvelle condamnation soit possible.

L'arrêté attaqué paraît vouloir tirer argument de la loi du 2 juillet 1861, visée par M. le ministre de l'intérieur.

Mais la loi du 2 juillet 1861 n'a fait que compléter le système que nous défendons, et préciser le caractère précaire et subordonné que nous assignons à l'avertissement. Avant la loi de 1861, l'avertissement n'était anéanti que d'une seule manière : par l'exercice de la faculté de suspension dont il est l'indispensable préliminaire. Il menait à la suspension; la suspension encourue, son existence légale était naturellement et logiquement accomplie.

Depuis la loi de 1861, l'avertissement s'anéantit d'une seconde manière, par le laps de temps. Cette procédure, comme toute autre, a sa *péremption* : c'est le terme même dont se sert le § 3 de l'article unique de la loi du 2 juillet 1861.

En résumé, telle est aujourd'hui la nature légale de cette mesure exceptionnelle qu'on appelle l'avertissement : 1° il est *éteint* par l'arrêté de suspension rendu dans les termes de l'article 32 du décret organique; 2° il est *périmé* par un laps de deux ans.

Tout se tient dans ce système, conforme aux principes généraux du droit et de la procédure. Le système de M. le ministre de l'intérieur est au contraire le renversement de tous les principes et le dédain de toutes les garanties.

JULES FERRY,
Avocat à la Cour impériale de Paris.

Le décret-loi du 17 février 1852 est un acte législatif essentiellement exceptionnel : il a été rendu au nom de la maxime du salut public et pendant la période dictatoriale qui a suivi le coup d'Etat du 2 décembre 1851 ; il ne peut donc être aggravé dans son application par des interprétations qui ajoutent aux rigueurs de son texte. Par ces motifs et ceux développés dans la consultation ci-dessus, j'adhère pleinement à l'avis de M. Albert Gigot, et j'espère que le Conseil d'Etat annulera un arrêté évidemment vicié par un excès de pouvoir.

30 octobre 1864.

A. FRESLON.

———

Je soussigné adhère aux résolutions de la consultation ci-dessus. L'erreur de l'interprétation donnée par l'administration au décret de 1852 provient d'une équivoque sur le mot *périmé :* tant que les deux années ne sont pas écoulées, dit-elle, les deux avertissements subsistent et produisent le droit indéfini de suspension.

Pour tout délit il y a deux causes qui font disparaître le droit de condamner, — la *péremption* et l'*expiation*, — lorsqu'il n'y a pas eu poursuite dans un délai déterminé, la peine est prescrite : lorsqu'il y a eu condamnation, on ne peut pas dire qu'il y ait péremption ou prescription, il y a expiation, — le droit de la vindicte publique n'est pas périmé, il est consommé et la règle *non bis in idem* ne permet pas qu'il y ait une nouvelle peine. Péremption et expiation sont donc choses bien différentes. — L'administration les confond dans son interprétation, et elle applique la péremption au cas de l'expiation. Les avertissements donnés au *Courrier* n'étaient pas périmés, il est vrai, puisque l'année ne s'était pas écoulée ; mais ils étaient bien plus que périmés, ils étaient épuisés et leur effet légal consommé par la peine qu'ils avaient provoquée et justifiée. Que l'on ajoute que l'interprétation de l'administration conduirait à étendre indéfiniment la durée d'une suspension que la législation a rigoureusement limitée à deux mois, et par cela même elle ferait passer de fait le droit de suppression des mains du chef de l'Etat dans celles du ministre. — On ne peut que conclure que cette interprétation doit être rejetée, comme doit l'être en matière pénale toute interprétation extensive, sans distinction des juridictions ordinaires ou exceptionnelles, administratives ou judiciaires.

ODILON BARROT.

L'avocat soussigné adhère sans réserve aux solutions données par son confrère Mᵉ Albert Gigot.

Le texte du décret du 17 février 1852 répugne à l'application que M. le ministre de l'intérieur en a prétendu faire au *Courrier du Dimanche.*

L'article 32 § 3 de ce décret est conçu dans des termes qu'il importe de rappeler avec précision : « Un journal peut être suspendu par décision ministérielle, » alors même qu'il n'a été l'objet d'aucune condamnation, *mais après deux aver-* » *tissements motivés, et pendant un temps qui ne pourra excéder deux mois.* »

Il résulte des décisions ministérielles du 31 décembre 1863 et du 24 août 1864, qu'après deux avertissements motivés, le *Courrier du Dimanche* aura été suspendu non pas pendant deux mois, mais pendant quatre mois. C'est ce qu'il est impossible de nier, à moins de contester la règle d'arithmétique d'après laquelle deux et deux font quatre.

Rien ne peut être plus contraire au décret de 1852 qu'une telle mesure ; elle constitue réellement un excès de pouvoir, que la juridiction administrative ne peut laisser subsister.

Délibéré à Paris, le 3 novembre 1864.

AM. LEFÉVRE PONTALIS,
Avocat à la Cour de Paris.

J'adhère à la consultation de mon confrère, Mᵉ Albert Gigot.

F. BÉCHARD,
Avocat au Conseil d'État et à la Cour de cassation.

J'adhère entièrement à la consultation de mon confrère Mᵉ Albert Gigot.

Paris, 8 novembre 1864.

CH. HÉRISSON,

Docteur en droit, avocat au Conseil d'Etat et

à la Cour de cassation.

J'adhère à la consultation de Mᵉ Albert Gigot.

C. FLOQUET.

L'avocat soussigné adhère à la consultation qui précède.

Quand on se reporte aux luttes du passé pour assurer l'indépendance de la Presse, considérée comme une des institutions fondamentales de tout peuple libre; quand on a gardé le souvenir de ces fières leçons de liberté au milieu desquelles ont grandi les hommes de la génération présente, on s'étonne à discuter cette réglementation exceptionnelle qui régit aujourd'hui les feuilles périodiques, et dont la trame serrée les enveloppe si étroitement de toutes parts !

Que l'application du moins d'une loi rigoureuse ne vienne pas en aggraver encore la portée; le décret de 1852, en créant la peine de la suspension administrative, n'a permis de l'appliquer qu'à la suite de deux avertissements; lorsque le journal suspendu reparaît après l'accomplissement de sa peine, il recommence une vie nouvelle, sur laquelle ne peut éternellement peser le souvenir des deux avertissements qui ont abouti à une première suspension. Toute suspension ultérieure, qui interviendrait sans autres avertissements, ne saurait être considérée comme ayant été *précédée de deux avertissements*. La suspension première a établi une véritable solution de continuité entre les faits anciens et les faits nouveaux. Dans les termes comme dans l'esprit du décret, pour parler le langage énergique de nos vieux légistes, *suspension sur suspension ne vaut !*

E. ALLOU,
Avocat, docteur en droit.

J'adhère complétement à l'opinion de mon honorable confrère A. Gigot et par les motifs qui sont si bien déduits dans sa consultation.

A. BOSVIEL,
Avocat au Conseil d'État.

J'adhère à la consultation ci-dessus.

ERNEST GUIBOURD.

J'adhère entièrement à la consultation si nettement motivée de M° Albert Gigot.

Après avoir été averti deux fois et suspendu, le *Courrier du Dimanche* a été suspendu de nouveau, mais sans avertissements préalables ; l'arrêté ministériel, qui vise le décret législatif du 17 février 1852 et la loi du 21 juillet 1861, se fonde sur ce que, depuis moins de deux ans, ce journal avait reçu deux avertissements.

Aucune disposition des lois invoquées n'autorisait une pareille mesure. Si considérable que soit le pouvoir de l'administration en cette matière, il n'est pas cependant sans limites. Le décret de 1852 ne dit point que l'administration pourra suspendre les journaux quand et comme bon lui semblera : il a prescrit certaines formalités; il a exigé que la suspension fût précédée de deux avertissements. Il ne dit point que le journal qui aura été suspendu pourra l'être dans la suite sans deux avertissements nouveaux. Il ne dit point non plus que ce journal sera exposé pendant deux années, sans nouveaux avertissements, aux peines de la récidive ; ni le décret de 1852, ni la loi de 1861 n'ont vu un cas de récidive dans l'espèce actuelle et n'ont permis d'y attacher une pénalité quelconque en dehors de celles qu'ils portent formellement. Si, d'après la loi de 1861, les avertissements se périment par le délai de deux ans, cela signifie uniquement qu'à l'expiration de ce délai, les avertissements non suivis de suspension perdent leur effet et que, pour motiver une suspension, de nouveaux avertissements sont nécessaires. Par là, il a été fait droit aux réclamations et aux plaintes qu'avait soulevées la situation des journaux deux fois avertis, lesquels restaient perpétuellement sous le coup d'une suspension immédiate. Mais en conclure que les avertissements suivis de suspension conservent néanmoins toute leur portée, tous leurs effets pendant cette période de deux années et peuvent servir de base à une suspension ultérieure, ce serait indubitablement méconnaître le caractère d'une loi qui a voulu adoucir le régime de la presse et non lui imposer des rigueurs nouvelles.

Ainsi, pour se soutenir, la pénalité infligée au *Courrier du Dimanche* exigerait que la législation sur la presse eût dit ce qu'elle ne dit pas, et, comme il n'appartient à aucune autorité de suppléer au silence des lois pénales, il est de toute évidence que la suspension prononcée contre ce journal contient un excès de pouvoir.

Paris, 5 novembre 1864.

JULES LE BERQUIER.

L'avocat au Conseil d'Etat et à la Cour de cassation soussigné déclare adhérer pleinement à la consultation délibérée par son honorable confrère Mᵉ Albert Gigot.

Il croit devoir ajouter l'observation suivante :

L'article 32 du décret du 17 février 1852 contient deux paragraphes consécutifs applicables le premier aux journaux frappés d'une condamnation judiciaire pour contravention ou délit de presse, le second aux journaux qui n'ont même pas été l'objet d'une condamnation de ce genre.

De ces deux catégories de journaux, il est évident que c'est la seconde qui devrait être traitée avec la moins grande sévérité.

Cependant, avec l'interprétation donnée par M. le ministre, le contraire pourrait arriver.

En effet, aux termes de cet article 32, lorsqu'un journal a été frappé d'une condamnation judiciaire pour les causes ci-dessus énoncées, le gouvernement a la faculté, pendant les deux mois qui suivent cette condamnation, de prononcer la suspension temporaire de ce journal. Or, supposons que le gouvernement, usant de cette faculté, suspende un journal pendant quinze jours, un ou deux mois, il est clair qu'une fois cette suspension prononcée, il a épuisé son droit de répression administrative, et qu'il ne pourrait, sans un excès de pouvoir manifeste, recourir de nouveau à cette mesure de la suspension, tant que ce journal n'aurait pas été frappé d'une nouvelle condamnation ou qu'il n'aurait pas été frappé de deux avertissements, conformément aux dispositions finales de l'article 32.

Or, est-il admissible que ce que le ministre ne pourrait pas faire vis-à-vis de ce journal, il puisse le faire vis-à-vis d'un journal qui n'a même pas été condamné ?

Vis-à-vis de celui-ci, les deux avertissements administratifs ne sont-ils pas l'équivalent de la condamnation judiciaire ?

Si donc, après une suspension prononcée à la suite d'une condamnation, il faut de toute nécessité une nouvelle condamnation pour qu'une nouvelle suspension puisse être légalement prononcée, n'est-il pas évident qu'après une suspension prononcée à la suite de deux avertissements, il faut, de toute nécessité aussi, deux nouveaux avertissements pour qu'une nouvelle suspension puisse être légalement prononcée.

J. BOZÉRIAN,
Avocat à la Cour de cassation.

L'article 32, § 2 du décret du 17 février 1852 permet au gouvernement de prononcer la suspension temporaire d'un journal, après une condamnation pour contravention ou délit de presse. Le paragraphe suivant ajoute que « un journal peut être suspendu par décision ministérielle, alors même qu'il n'a été l'objet d'aucune condamnation, mais après deux avertissements motivés et pendant un temps qui ne pourra excéder deux mois. »

Lorsqu'un journal a été suspendu après une condamnation judiciaire, il ne pourrait certainement pas être suspendu de nouveau par le gouvernement, sans qu'il fût intervenu une seconde condamnation. Le droit du ministre ne saurait être plus étendu dans le cas où la suspension est prononcée après deux avertissements. Le rapprochement des paragraphes 2 et 3 prouve clairement, suivant nous, qu'une seconde suspension ne peut, dans cette dernière hypothèse, atteindre le journal, si elle n'a été précédée de deux nouveaux avertissements motivés. Ces deux avertissements sont le préliminaire nécessaire de chaque suspension, de même qu'une condamnation judiciaire en est la condition préalable dans le cas prévu par le paragraphe 2.

E. TAMBOUR,

Docteur en droit, avocat au Conseil d'Etat
et à la Cour de cassation.

L'avocat soussigné adhère pleinement à la consultation délibérée par Mᵉ Albert Gigot.

Une loi répressive peut être appliquée de deux manières différentes :

D'une manière extensive,

Ou d'une manière restrictive.

Si la loi est interprétée d'une manière restrictive, elle peut être sévère, dure même, mais au moins elle ne frappe pas sans avoir averti, et ceux qu'elle atteint ont pu prévoir ses rigueurs. *Dura lex, sed lex ;* il n'y a qu'à se soumettre — jusqu'à ce que la loi soit changée.

Si la loi est interprétée d'une manière extensive, toute sécurité disparaît ; la loi trouve un supplément indéfini dans l'imagination des autorités chargées de l'appliquer. Il se produit une sorte d'émulation ; c'est à qui inventera une nouvelle application, et la jurisprudence devient cent fois pire que la loi.

Entre ces deux méthodes le choix n'est pas libre.

La conscience de l'humanité a depuis vingt siècles formulé cet axiome : *Odia restringenda.* Les lois rigoureuses, les lois qui frappent, les lois qui ruinent, doivent s'interpréter d'une manière restrictive.

Il n'y a pas une législation qui ait méconnu ce principe, souvent violé, mais jamais nié.

Si donc un doute était possible sur le droit que s'est arrogé M. le ministre de l'intérieur en suspendant une seconde fois le *Courrier du Dimanche* sans nouvel avertissement, le doute seul serait la condamnation de cet acte d'autorité.

Mais, pour qui veut jeter les yeux sur le texte du décret du 17 février 1852, le doute n'existe pas, et l'arrêté ministériel est manifestement illégal.

L'art. 32 limite expressément le droit exorbitant qu'il accorde au ministre.

Après deux avertissements motivés, le journal peut être suspendu pendant un temps *qui ne pourra excéder deux mois.*

Supposons que le ministre (ce qui par parenthèse ne se voit jamais) ne prononce d'abord qu'une suspension d'un mois, on concevrait que plus tard et sans nouvel avertissement il eût la prétention de pouvoir suspendre encore le journal pour un second mois.

En agissant ainsi, il violerait le principe *non bis in idem.* On en trouvera dans la consultation de Mᵉ Albert Gigot la démonstration très nette.

Mais quand le ministre a tout d'abord prononcé une suspension de deux mois, il est clair qu'il a épuisé son droit.

S'il peut, sans qu'il y ait eu prétexte à nouvel avertissement, prononcer une nouvelle suspension, il ne faut plus dire qu'après deux avertissements le journal peut être suspendu pour un temps *qui ne pourra excéder deux mois,* mais pour autant de fois deux mois qu'il plaira au ministre.

Il est vrai que le ministre reconnaît jusqu'ici qu'au bout de deux mois il est obligé de laisser reparaître le journal, sauf à le frapper quelques jours après. Que gagnera le journal à cet intervalle? Ce que gagnerait un condamné à respirer entre deux coups de hache.

Et pendant combien de temps le journal est-il ainsi à la merci du ministre, — si l'on admet la doctrine du ministre? Pendant deux ans à partir du second avertissement, puisqu'aujourd'hui les avertissements se prescrivent par deux ans.

Mais d'après le décret du 17 février 1852, les avertissements ne se prescrivaient pas, et le journal se serait trouvé à perpétuité dans cette situation. A raison des deux premiers avertissements, il aurait pu être suspendu pour deux mois un nombre de fois indéfini, c'est-à-dire pour un nombre indéfini de mois!

Si c'est là ce que le décret a entendu en disant que le journal peut être suspendu pour un temps *qui ne pourra excéder deux mois,* il faut convenir que le rédacteur a exprimé juste le contraire de sa pensée. Le décret aurait besoin d'être retouché par le Corps législatif.

EMILE DURIER.
Avocat à la Cour impériale.

Le soussigné adhère sans réserve aux solutions qui précèdent. La seule lecture de l'article 32 du décret du 17 février 1852 en démontre suffisamment l'exactitude. Le paragraphe 2 de cet article donne au gouvernement le droit de prononcer soit la suspension temporaire, soit même la suppression d'un journal judiciairement condamné pour délit ou contravention, mais seulement dans le délai de deux mois après la condamnation. Le paragraphe accorde, en outre, au ministre le droit de prononcer la suspension d'un journal en l'absence de toute condamnation ; mais, dans ce cas, il met à l'exercice de ce droit une double condition qui, dans son esprit comme dans son texte, ne saurait être scindée : que cette suspension ait été précédée de deux avertissements préalables et n'excède pas une durée de deux mois ; si donc, après deux avertissements, le ministre a prononcé une suspension de deux mois, et qu'ensuite, sans nouveaux avertissements, il en prononce une autre semblable, en fait, la suspension prononcée aura duré quatre mois ; ce qui est contraire au décret. Il y a dans l'acte dénoncé un excès de pouvoir évident, dont la consécration aurait pour résultat de donner au ministre un droit de suspension indéfinie, c'est-à-dire de suppression, et de priver les journaux une fois avertis de toutes les garanties que peut leur offrir un décret impérial inséré au *Bulletin des Lois*.

FERNAND DESPORTES,
Docteur en droit, avocat à la Cour de Paris.

J'adhère aux conclusions de la consultation ci-dessus.

R. DARESTE,
Avocat au Conseil d'Etat.

J'adhère à la consultation de M* Albert Gigot.

M. le ministre de l'intérieur n'avait, d'après l'article 32 du décret du 17 février 1852, que le droit de suspendre, par une seule et même décision, le *Courrier du Dimanche* pour une durée qui ne pouvait dépasser deux mois; il n'a pu, sans excéder les pouvoirs que lui conférait cet article, et sans violer la règle *non bis in idem*, prononcer successivement plusieurs suspensions de deux mois, à la suite des mêmes avertissements. Autrement, il faudrait lui reconnaître le droit de supprimer un journal, droit que la disposition finale du même article lui refuse expressément, puisqu'elle en réserve l'exercice au chef de l'Etat et ordonne en même temps que le décret de suppression sera inséré au *Bulletin des Lois*. Vainement on objecterait que la décision du 24 août 1864 est un acte purement administratif, et qu'à ce titre, elle ne saurait être critiquée devant le Conseil d'Etat. Le recours contentieux est recevable même contre un acte de pure administration, lorsque cet acte est entaché d'excès de pouvoirs. Il ne faut pas l'oublier d'ailleurs : un journal n'est pas seulement un moyen de publicité; mais il constitue une propriété privée, et, si l'administration a reçu, par dérogation aux lois qui assurent à chacun l'inviolabilité de sa propriété, le pouvoir d'y porter une grave atteinte, elle ne peut du moins en user que dans les limites, déjà si exorbitantes, où le décret de 1852 l'a circonscrit.

Paris, 3 novembre 1864.

STANISLAS BRUGNON,
Docteur en droit, avocat au Conseil d'Etat et à la Cour de cassation.

J'adhère. — L'article 32 du décret du 17 février 1852 donne à M. le ministre de l'intérieur la faculté de prononcer *la suspension temporaire* de tout journal frappé soit d'une condamnation, soit de deux avertissements. Il ne lui confère pas le pouvoir de prononcer plusieurs suspensions successives. — Il suit de là que la durée de la suspension ne peut pas être augmentée pendant que le journal est réduit au silence; il en résulte encore que, le journal ayant reparu, une

seconde suspension ne peut être prononcée si ce n'est après une nouvelle condamnation ou de nouveaux avertissements. — Aucune disposition légale ne fait
revivre, en dehors de ces deux cas, le pouvoir ministériel éteint par l'usage
même qui en a été fait.

A. LABORDÈRE,
Avocat au Conseil d'Etat et à la Cour de cassation.

J'adhère sans réserves.

Aux termes de l'article 32 du décret du 17 février 1852, un journal peut être
supprimé, suspendu, averti ; mais le pouvoir ministériel ne va pas au delà de la
suspension ; cette suspension,—en dehors de toute condamnation,—ne peut être
prononcée que si le journal a été deux fois averti, et enfin elle ne peut excéder
deux mois ; quant à la suppression, elle ne peut être prononcée que par une autorité plus haute, et pour des causes déterminées.

Or, après une première suspension, en prononcer une seconde sans avertissements nouveaux, c'est évidemment soit prolonger la première si le ministre ne
laisse écouler aucun laps de temps entre la fin de celle-ci et son nouvel arrêt,
soit en prononcer une seconde, sans la faire précéder des deux avertissements
qui seuls peuvent la justifier, si, comme dans le cas actuel, le ministre prononce
la suspension nouvelle quelque temps après que le délai de la première est
expiré ; dans les deux cas, c'est se placer en dehors et au-dessus des dernières
garanties laissées à la presse par le décret de 1852. C'est aussi, de la part du
pouvoir ministériel, s'arroger le droit de prononcer indistinctement une suppression ; si, en effet, il fallait admettre la légalité de l'arrêté qui a frappé le *Courrier du Dimanche*, rien ne saurait empêcher le ministre de prononcer successivement une troisième, une quatrième suspension, — et cela indéfiniment, —
basées toujours et uniquement sur les deux mêmes avertissements ; qu'est-ce à
dire, en dépit des subtilités de langage sous lesquelles on tenterait vainement de
voiler la réalité, sinon qu'un journal peut être supprimé *de fait* par de simples
arrêtés ministériels? Or, indépendamment même des principes essentiels et
élémentaires du droit rappelés dans la consultation, notamment sur la règle *non
bis in idem*, le décret de 1852 ne se prête pas à l'application d'une telle doctrine ;
ce décret est rigoureux, mais il a du moins la franchise de ses rigueurs, et il
n'en a pas dissimulé l'étendue ni la force sous un texte trompeur ; l'interpréta-

4

tion que nous combattons, contraire à ce texte, tendrait véritablement à lui retirer le mérite de sa franchise et à en calomnier la pensée.

L'arrêté du 24 août 1864 est donc entaché d'excès de pouvoir et, comme tel, doit être annulé par S. M. l'Empereur en son Conseil d'Etat, délibérant au contentieux.

AUG. POUGNET,
Docteur en droit, avocat au Conseil d'Etat et à la Cour de cassation.

Consulté en 1861 sur une affaire qui soulevait aussi une question d'interprétation du décret du 17 février 1852, c'est-à-dire sur l'affaire de la *France libérale*, j'ai présenté alors les réflexions suivantes :

« Le décret du 17 février 1852 dans son ensemble, et les art. 1er et 31 de ce
» décret en particulier, peuvent donner lieu à deux systèmes d'interprétation.
» Prenant acte des déclarations si sincères et si nettes que M. le ministre actuel
» de l'intérieur (M. de Persigny) a consignées dans sa circulaire du 7 décembre
» 1860, et par lesquelles il a reconnu que l'administration est armée, quant à la
» presse, d'un pouvoir *discrétionnaire, exceptionnel et dictatorial*, on peut les
» détourner assez de leur véritable sens pour en conclure que la plus saine in-
» terprétation du décret de 1852 est celle qui le rend de plus en plus discrétion-
» naire, exceptionnel et dictatorial dans l'application, et qu'ainsi, plus cette
» application sera arbitraire, plus elle sera conforme à l'esprit de ce même décret.
» On peut, au contraire, partant de ces mêmes déclarations, en conclure, avec
» la doctrine universelle des jurisconsultes de tous les temps, avec la jurispru-
» dence uniforme des tribunaux et du Conseil d'Etat, qu'une législation à la fois
» exceptionnelle et pénale doit être strictement limitée dans ses termes... Entre
» ces deux systèmes, l'hésitation ne saurait être bien longue, etc. »

C'est, en effet, au second de ces systèmes que s'est rallié, dans l'affaire à laquelle je fais allusion, l'honorable maître des requêtes qui a rempli les fonctions du ministère public (voir le journal le *Droit* du 19 mai 1862 ; voir aussi le *Recueil des arrêts du conseil d'Etat* par Lebon, année 1862, p. 415). Mais le Conseil d'Etat, par sa décision du 22 mai 1862, semble avoir consacré le système contraire (voir le *Droit* du 24 mai 1862 et le *Recueil* précité), si tant est qu'il ait entendu se rattacher à une doctrine quelconque et faire autre chose que rendre un simple arrêt d'espèce.

Là est encore aujourd'hui la question à l'occasion de la suspension prononcée par l'arrêté ministériel du 24 août 1864 contre le *Courrier du Dimanche*. Si l'on veut donner au décret du 17 février 1852 une interprétation conforme aux principes les plus vulgaires du droit, conforme à celle que reçoivent toutes les lois pénales et d'exception, on adoptera sans hésitation celle que justifie si péremptoirement la consultation de Mᵉ Gigot ; on l'adoptera d'autant mieux qu'en réalité elle n'apportera guère d'entrave à l'exercice du pouvoir *arbitraire* dont l'administration est investie, ou que du moins l'entrave sera plutôt dans la forme que dans le fond. Si l'on veut, au contraire, proclamer que le décret du 17 février 1852 est une loi qui n'a rien de commun avec toutes les autres lois, on rejettera cette même interprétation. Je ne saurais croire, en ce qui me concerne, que le Conseil d'État préfère cette dernière manière de voir.

Paris, le 7 novembre 1864,

E. REVERCHON,

Ancien maître des requêtes, ancien avocat au Conseil d'Etat
et à la Cour de cassation, avocat à la Cour impériale.

J'adhère sans aucune hésitation aux principes énoncés dans la consultation de Mᵉ Gigot.

Les raisons données me semblent invincibles.

Il est certain, pour tout le monde, que la suspension édictée par l'article 32 du décret du 17 février 1852, constitue une véritable peine. — La nature même d'une semblable mesure, ses conséquences morales et matérielles, aussi bien que le texte de la loi, ne laissent aucun doute à cet égard. Il est vrai que, dans nos habitudes invétérées de jurisconsulte, il nous est difficile de séparer l'idée d'une peine de la pensée d'un tribunal, qui prononce cette peine, et d'une défense contradictoire, qui en précède l'application. Mais le décret, il faut bien le reconnaître, a fait une chose nouvelle, en créant des peines administratives. Au moins faut-il leur appliquer les règles du droit. Or, en matière pénale, il y a deux principes essentiels. L'un de ces principes veut que les dispositions de la loi, qui prononcent une peine, soient comprises dans un sens limitatif. L'autre principe, axiome incontestable et incontesté, au point de vue de la conscience comme au point de vue du droit, se résume dans cette maxime : *Non bis in idem.* La jurisprudence que nous voulons empêcher de prévaloir violerait ces deux principes.

Voudrait-on nous contester les prémisses de notre argumentation : voudrait-on, s'armant des termes de l'article premier du décret du 17 février 1852, soutenir que les journaux n'existent qu'en vertu de l'autorisation qui leur est octroyée. La circulaire de **M.** le ministre de la police générale, adressée aux préfets sur le décret dont nous nous occupons, semble inspirée par cet esprit, lorsqu'elle s'exprime ainsi : *Ces mesures de répression dérivent du droit d'autorisation accordé au gouvernement.* Voudrait-on prétendre que le gouvernement, qui peut donner l'autorisation, peut aussi la retirer ; qu'en usant de cette prérogative il ne punit pas, à proprement parler, les journalistes et les journaux, mais qu'il défend la société?

Nous nous refusons à croire que le Conseil d'Etat consente à accepter une semblable théorie. La liberté est de droit primordial et individuel. La liberté de la presse, qui n'est, après tout, qu'un des éléments de la liberté de penser, a sa source dans des principes inaliénables et imprescriptibles. La loi peut sans doute limiter la liberté, dans un intérêt de sécurité publique, mais elle ne crée pas cette liberté, dont les droits, basés sur une faculté naturelle, préexistent à la loi elle-même. Quand l'autorisation administrative, d'ailleurs, est une fois accordée, elle appartient au journal qui l'a obtenue. Elle ne peut plus être retirée ou suspendue que dans les formes et suivant les conditions légales. Il suffit de lire l'article premier du décret pour se convaincre que cet article est, par ses termes, essentiellement restreint à la création de l'écrit périodique. L'article 32 n'est donc absolument, dans son ensemble, qu'un article pénal, et la suppression ou la suspension qui y sont formulées, sont des peines entièrement analogues à l'interdiction de certains droits civils, civiques ou de famille, interdiction qui est, dans l'ordre pénal ordinaire, prononcée tantôt accessoirement, tantôt comme peine principale.

Conserve-t-on quelques doutes à cet égard? Ils se dissiperont bien vite en se reportant à la circulaire dont nous avons parlé et qui est donnée comme interprétation de la loi. On verra que dans cette circulaire l'idée dominante est l'idée de pénalité. En parlant du droit de suspension, le ministre dit : « Vous en userez avec fermeté, lorsque les journaux, sans s'exposer précisément et d'une manière définie aux *condamnations judiciaires,* n'en seront pas moins dangereux. » Est-il rien de plus clair et avons-nous besoin d'insister pour prouver que la suspension est une peine? Mais dès lors que la suspension est une peine, la question est résolue : 1° l'administration ne peut aller au delà de ce qui est formellement exprimé dans le décret ; 2° elle ne peut se servir deux fois, dans un but répressif, des mêmes avertissements. C'est déjà bien assez qu'elle soit autorisée à faire usage à plusieurs reprises du droit de suspension même avec son cortége d'avertissements préalables.

Dépasser cette limite ce serait faire dégénérer le droit de suspension, en droit de suppression : ce serait, en matière de presse, livrer à l'arbitraire du pouvoir la direction des intelligences et les priviléges de la propriété. Ce serait, en un mot, donner au décret une portée qu'il n'a jamais eue, qu'il n'a jamais pu avoir, et investir l'administration, contrairement à ses propres précédents, d'un droit qu'elle n'avait pas encore mis en pratique et qui lui serait plus nuisible qu'utile, car nous vivons dans un temps où le danger social est bien plutôt dans l'absence que dans l'excès des garanties assurées à la liberté.

D'après tous ces motifs, j'estime que c'est sans droit que le *Courrier du Dimanche* a été suspendu, et que la décision qui l'a frappé, sans qu'il ait été spécialement et itérativement averti, doit être annulée.

E. DESMARETS,
Bâtonnier.

Le conseil soussigné, lecture prise de la note à consulter pour le *Courrier du Dimanche* et de la consultation délibérée par Me Albert Gigot, avocat au conseil d'Etat et à la Cour de cassation, adhère pleinement à cette consultation, en y ajoutant les considérations suivantes :

La question à résoudre, vue dans sa sévérité et pour qui veut aller au fond des choses, paraît n'être pas autre que celle-ci : le pouvoir de *supprimer*, absolument et de fait, tout écrit périodique, peut-il appartenir au ministre de l'intérieur et dépendre de son unique volonté.

On serait ému, pour ne pas dire effrayé, rien qu'à la pensée d'un semblable pouvoir remis aux mains d'un agent de l'administration, quelque élevé qu'il soit dans la hiérarchie, agent non responsable, aux termes de la Constitution.

Sans doute, si ce pouvoir arbitraire était inscrit dans une de nos lois en vigueur, il faudrait le subir, en reconnaissant que désormais, quelque multiplié que fût le nombre des journaux, c'en serait fait, en réalité, de la presse périodique, c'est-à-dire de cette presse quotidienne ou hebdomadaire dont le droit et encore plus le devoir est d'exprimer, avec indépendance et loyauté, les opinions qu'elle représente, en se conformant scrupuleusement aux lois.

A l'honneur de notre législation sur la presse, quelque restrictive et menaçante qu'elle soit devenue, disons qu'aucun texte législatif n'a édicté de telles énormités.

Le plus rigoureux de tous, le décret dictatorial du 17 février 1852, n'a pas cru pouvoir aller jusque-là; et dans les applications fréquentes qu'il a reçues aussi bien que dans les commentaires les plus élogieux et les plus extensifs qu'on en ait donnés, personne ne semble avoir encore songé à mettre la presse à un tel régime, et à ériger contre elle, en la personne unique d'un ministre, une censure et un juge aussi omnipotent.

Aux termes de l'article 32 du décret précité, la suppression qui peut atteindre un journal, est ou de plein droit ou facultative. *De plein droit* dans le cas de contravention pour crime, ou de deux condamnations pour délit ou contravention *encourues dans la même année; facultative* après une condamnation pour délit ou contravention, mais ne pouvant être appliquée *que par le gouvernement,* et seulement, *dans les deux mois* qui suivent la condamnation; enfin, *facultative* également soit après une suspension judiciaire ou administrative, *soit par mesure de sûreté générale, mais par un décret spécial du chef du gouvernement, inséré au Bulletin des Lois.*

Tels sont les seuls cas et les seuls moyens, légalement possibles, de suppression d'un journal.

La part de l'autorité ministérielle, dans la distribution des rigueurs, est beaucoup plus restreinte : les raisons s'en offrent d'elles-mêmes.

Le ministre a le droit de donner des avertissements : il a le droit d'infliger la suspension, *limitée à deux mois,* et seulement après deux avertissements motivés. En aucun cas il n'a le pouvoir de *suppression* réservé, comme on l'a vu, à des autorités plus stables et plus élevées; et le respect dû aux lois existantes, quelles que soient leur époque et leur source, ne permet pas de supposer que, dans l'économie de ces textes si simples et si clairs, on ait voulu cacher la pensée et les moyens d'arriver indirectement à un résultat tout autre, celui *d'une suppression par arrêté ministériel.*

C'est ce résultat, cependant, qu'on atteindrait ou qu'on pourrait toujours atteindre, si la prétention élevée par l'administration contre le *Courrier du Dimanche* devait obtenir une consécration définitive.

Pour s'en convaincre, il ne faut que se rendre compte de ce qu'avait fait d'abord l'administration, de ce qu'elle vient de faire en vertu de sa prétention nouvelle, et de ce que, par une suite à peu près certaine, elle se croirait toujours en droit et serait peut-être en disposition de faire souvent si, dès ce premier pas, elle ne se trouvait arrêtée.

Le 31 décembre 1863, une décision ministérielle avait suspendu le *Courrier du Dimanche* pour deux mois, à la suite de deux avertissements motivés, reçus aux dates du 9 octobre 1862 et du 8 janvier 1863. C'était l'observation littérale du décret de 1852, et ce n'était s'éloigner en rien de l'esprit qui l'a inspiré : car le journal ayant été, par deux fois et à trois mois d'intervalle, averti que, contrariant la manière de voir du ministre, il avait encouru son improbation, et le ministre, trouvant que ces deux avertissements n'avaient pas empêché le journal de se mettre en opposition pour la troisième fois, avec ces appréciations personnelles, la suspension de deux mois était survenue comme châtiment d'une récidive. En même temps, elle avertissait encore plus clairement et plus énergiquement les propriétaires et le gérant qu'ils étaient dorénavant exposés au danger de la suppression ; mais bien entendu de la suppression, *par un décret spécial du chef de l'Etat, publié au Bulletin des Lois,* c'est-à-dire par une mesure réfléchie, délibérée, motivée, comme le sont les décrets, par une mesure émanant d'une appréciation réellement souveraine et portée, ainsi que ses motifs, à la connaissance du public, avec les mêmes solennités qui entourent la promulgation des décrets et des lois.

Cette suppression, la seule légale, n'ayant point été prononcée par le pouvoir qui seul pouvait l'infliger, le *Courrier du Dimanche* devait en conclure qu'il ne l'avait point encourue, et qu'une fois relevé, par l'expiration de deux mois, de la suspension dont l'arrêté du ministre l'avait frappé, il se retrouvait, tout au moins, au regard de la surveillance et de la discipline ministérielles, dans la même situation que tout autre journal.

En effet, telle a semblé être la situation jusqu'au 24 août 1864, et il ne paraît point qu'aux yeux du pouvoir il en ait abusé, puisqu'il n'a reçu aucun nouvel avertissement.

Comment donc comprendre que par arrêté ministériel du 24 août 1864 et sans avertissement préalable, il ait été atteint d'une nouvelle suspension de deux mois?

C'est, dit-on, que les anciens avertissements du 9 octobre 1862 et du 8 janvier 1863 tiennent toujours état et laissent indéfiniment au ministre le droit de suspendre, à raison d'un nouvel article qui lui déplaît.

Le soussigné ne saurait admettre que cette prétention soit fondée et qu'elle doive prévaloir.

La consultation de Me Albert Gigot établit fortement que l'effet des deux avertissements d'octobre 1862 et de janvier 1863 s'était résumé, confondu et par cela même éteint dans l'arrêté de suspension du 31 décembre 1863 ; que cet arrêté en avait été la conséquence légale, mais unique, l'article 32 ayant bien dit *que deux avertissements* pourraient être suivis *d'une suspension pour deux mois, par décision ministérielle*, mais n'ayant pas dit, le moins du monde, que ces deux avertissements pourraient être suivis de deux, de trois, de quatre, d'un nombre indéfini de suspensions successives.

Le soussigné n'a rien à ajouter aux excellentes raisons par lesquelles on a montré que faire survivre ces deux premiers avertissements et leur effet pénal à l'arrêté de suspension, qui, une première fois, les avait pris pour motif et pour base, c'est contrevenir au principe fondamental de la non-cumulation des peines ; que ce n'est pas moins visiblement enfreindre cet autre principe, que tout délit, toute poursuite, toute peine se prescrit et s'éteint par le temps, et qu'enfin à deux avertissements surannés, ayant déjà reçu la punition répressive et ministérielle d'une suspension de deux mois, rendre encore la puissance de servir de motif et de base à une seconde, à une troisième suspension, c'est manifestement détruire, travestir la loi et la refaire au lieu de l'appliquer.

Mais ce que le soussigné tient particulièrement à constater, c'est que, ce prétendu droit *de suspension répétée* une fois admis, *la suppression de fait* en devient la conséquence inévitable.

Qui ne voit que si deux suspensions peuvent valablement se succéder, sans l'intermédiaire de deux nouveaux avertissements, rien n'empêchera qu'elles se succèdent sans interruption, sans solution de continuité. N'est-il pas évident, dès lors, que ces deux suspensions s'ajoutant immédiatement l'une à l'autre, la durée effective de la suspension sera de quatre mois, au lieu de n'être que de deux, temps que le décret avait jugé suffisant pour châtier le journal, sans le faire mourir ? N'est-il pas évident encore que ces quatre mois de suspension seront la mort du journal le plus vivace et le plus robuste, ainsi que l'a bien senti le décret lui-même, en n'autorisant pas une suspension de plus de deux mois.

Donc, par la simple juxtaposition de deux suspensions immédiatement successives, tout journal qui les aura subies perdra ses abonnés, se verra supplanté par d'autres feuilles, oublié du public, en un mot, sera tué.

Et que sera-ce si, dans l'appréhension de le voir renaître, et pour rendre son extinction plus irrévocable, le même pouvoir qui aura édicté les deux suspensions bi-mensuelles en ajoute une troisième, une quatrième, autant qu'il lui plaira ou qu'il le jugera nécessaire au résultat souhaité... la destruction d'un ennemi.

Quelle loi, quelle considération, quelle juridiction y ferait obstacle, si une fois il était admis qu'à la faveur des deux avertissements oubliés et périmés remontant à deux ans dans l'espèce, mais pouvant tout aussi bien remonter à trois ou quatre ou un nombre indéfini d'années, la faculté, le nombre et le moment des suspensions, sont dans le pouvoir discrétionnaire de l'administration.

Nous avons donc raison de le dire : ce n'est pas de *suspension* seulement qu'il s'agit, c'est de *suppression* ; et le droit de suspension tel qu'on veut le faire admettre, ne serait ou pourrait n'être qu'un moyen détourné d'arriver infailliblement à la suppression.

Alors, on ne saurait le nier, toutes les garanties seraient violées, tous les droits seraient méconnus, toutes les responsabilités interverties.

Les garanties seraient violées ; car, après deux, quatre, dix années, un journal ayant changé, peut-être bien des fois, de rédacteurs, de gérant, de propriétaires, de couleur ou de nuance, se verrait tout à coup, sous le nom mitigé de suspension, réellement et mortellement frappé de suppression, comme suite et sanction de deux avertissements oubliés de tout le monde, mais exhumés pour cette exécution capitale. Cette exécution aurait lieu sans la haute intervention du pouvoir souverain, qui, au-dessus d'entraînements ou de combinaisons dont on peut n'être pas à l'abri dans une sphère moins élevée, ne saurait, du moins, appliquer ces pénalités extrêmes qu'en les avouant et en les motivant ; sans intervention du pouvoir judiciaire ; sans celle du gouvernement qui, lui, n'a le pouvoir de supprimer que *dans les deux mois de la suspension ;* enfin cet acte si grave s'accomplirait sans formalités, sans bruit, comme pour un simple avertissement, par l'insertion sommaire au *Moniteur*, à moins que, comme on l'a fait ici, et pour justifier le résultat tout en le dissimulant, on ne jugeât à propos d'en motiver l'excès par une sorte d'intérêt de sûreté générale, ce qui n'est qu'une usurpation de plus du pouvoir réservé exclusivement au souverain par l'article 32 du décret dictatorial.

Tous les droits, avons-nous dit, seraient méconnus ; car le décret de 1852, même au milieu de ses entraves, a voulu graduer ses sévérités, on doit le croire prévenir et amender plutôt que de punir et de détruire : de là un premier avertissement, puis un second, et la suspension n'arrivant qu'après eux : de là, la part faite à chaque autorité. Au chef de l'État, au gouvernement, aux tribunaux seuls, le pouvoir de supprimer ; au ministre, rien que celui d'avertir et, à toute extrémité, de suspendre.

Enfin les responsabilités seraient interverties, et il faut en des choses aussi sérieuses que chacun conserve la sienne ; or, en présence *d'une suppression de fait*, opérée indirectement, sans que le mot même de *suppression* soit prononcé, la responsabilité du ministre, ne fût-elle pas écartée par la Constitution, s'arrête-rait, en tous cas, devant un simple intitulé *d'arrêté de suspension*, rentrant juridiquement dans les attributions ministérielles.

Voilà, à notre avis, tout ce qu'est susceptible d'amener la théorie nouvelle en fait d'arrêtés de suspension, que celui du 24 août 1864 a tenté d'inaugurer, et voilà ce que doit rendre absolument impossible l'application sincère, raisonnable et textuelle de l'article 32 du décret du 17 février, notamment en ne permettant pas qu'un arrêté ministériel de suspension puisse valoir, sans avoir été précédé de deux avertissements motivés, ou que deux avertissements ayant déjà servi de base à un arrêté de suspension, puissent encore être la base unique d'arrêtés de suspension subséquents.

C'en est assez pour justifier le recours formé devant le conseil d'Etat, par le gérant et les propriétaires du journal illégalement suspendu, et indirectement menacé d'une suppression non moins illégale : nous croyons fermement que le conseil d'Etat reconnaîtra, dans l'arrêté ministériel du 24 août 1864, tout à la fois un excès de pouvoir et une fausse application de la loi, ce qui, en cette matière contentieuse, appelle nécessairement l'infirmation de l'acte qui lui est dénoncé.

Délibéré à Paris, le 13 novembre 1864.

HÉBERT.

PARIS — IMPRIMERIE DE DUBUISSON ET Cᵉ, RUE COQ-HÉRON, 5.

www.ingramcontent.com/pod-product-compliance
Lightning Source LLC
Chambersburg PA
CBHW061105050726
47592CB00004B/1830